小鼓の心得

JN126741

はしがき

　おつとめの鳴物、九つのお道具のなかで、最も認識の薄いのが小鼓であると言えるかもしれません。

　小鼓と一概に言っても、流派によって多少違ったところがあるようです。では、本教は何流によるのかという質問も出てくるのですが、流派に関係なく、基本のみを必要とし、どの派にも属さないことが望ましいと思われます。強いて言うならば、お道流とでも言ったらよいのではないでしょうか。

　この本は、小鼓の基本も全く知らない教内の人々等に役立てばという思いで出版されるもので、調べの掛け方にしても他にいろいろな方法があるなか、その一端が述べられているという理解で、この本以外の方法は間違いだというような考えにならないことを望みます。

目　次

教祖90年祭の年、教会内容の充実、つとめの徹底という旬の声を頂いているこの時に、〝小鼓の心得〟が本になって出版されることは、誠に喜ばしいことです。

　この本は、一教会長である岩崎利博氏が教務多忙のなか、寸暇を惜しんで執筆され、畑違いの画をも３年間を費やし、努力と真実をもって書き上げられたものです。名実ともに真実誠の結晶であり、傑作と言えるでしょう。

　この本の特長は、図面が多く使われているため、初心者でも画を見ながら習得してもらえるということです。文面で表しにくいところも、一目瞭然でご理解いただけると信じます。

　しかし、これですべての人々に満足していただけると思っているのではなく、この本が一つの叩き台となって、さらに立派な本ができることを望んでやみません。

　筆者が月一回のおぢば帰りの都度、私の所に立ち寄られ、いろいろとご相談を受けたのですが、ほとほとその熱意に敬服しました。この機会に紙面を借りて心よりその労を讃え御礼申し上げます。

　付け加え、一人でも多くの方々が、この本を利用され、小鼓に心を深められることを願ってやみません。そして、よろづたすけの根源であるおつとめのお道具の一つとして、教祖100年祭には、全教会ですばらしい小鼓の音が聞こえてくることを夢にしています。

　最後に、初めの予定を大幅に変更して、このように立派な本として誕生するについては、天理教音楽研究会のお力添えがあったことを付記させていただきます。

　昭和51年秋

　　　　　　　天理教音楽研究会 小鼓教室講師　小松六三郎

小鼓の解き方

（図A－1）

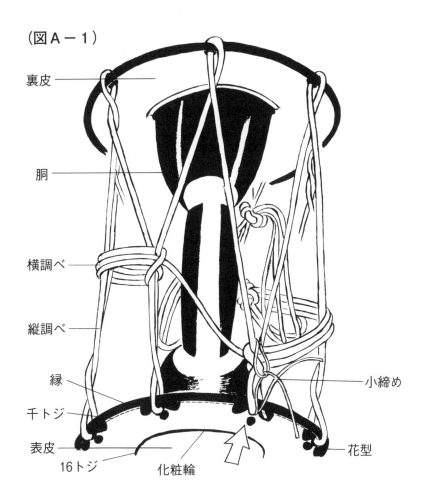

- 裏皮
- 胴
- 横調べ
- 縦調べ
- 縁
- チトジ
- 表皮
- 16トジ
- 化粧輪
- 小締め
- 花型

○ 小鼓を手にするまでに、まず、手をよく洗うことを
習慣づける。

○ 小鼓の分解、組み立て、繰り方をする場合は、膝の
上で行うよう心がける。

（図A－2）

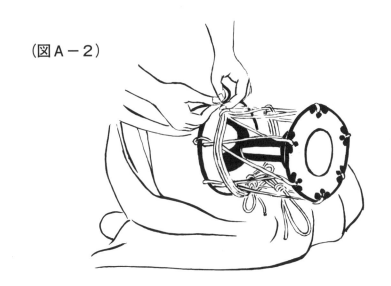

（図A－2）のように、表皮
（打つ方）を手前にして膝の
上に置き、小締めから解く。
次に、横調べの結び目を見つ
け、（図A－3）のようにし
て（図A－2）と同じく膝の
上にて結び目を解き始める。

（図A－3）

- 横調べの結び目

（図A－4）

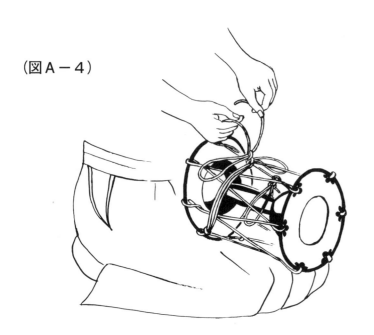

横調べの結び目を解き、順次、横調べから取りはずす。

（図A－5）

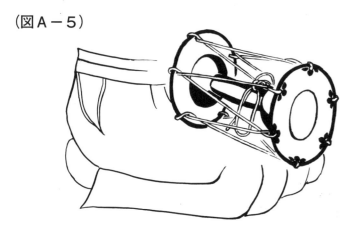

横調べが取りはずされると（図A－5）のように
縦調べのみが残る。

（図A－6）

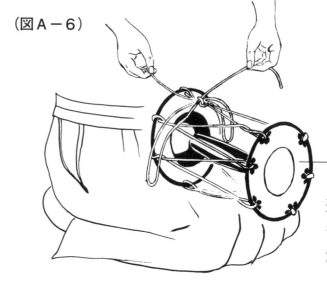

表皮

横調べを取りはずした
後、縦調べの結び目を
解き、（図A－7）の
ように小鼓の表皮を下
にして左膝の上に立て、
縦調べを解く。

（図A－7）

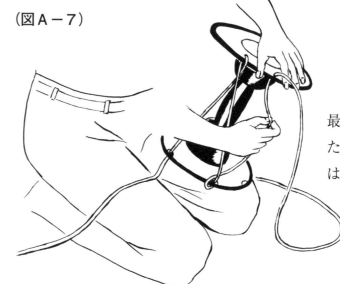

最後まで膝の上に立て
たまま。（男子の場合
は左膝の上で）

（図A－8）

婦人が和服等を着用の
場合は、右膝の上で行
う方がよい。

（図A－9）

分解を終えると（図A－9）のようになる。
皮の見分けは厚い方が表皮（打つ方）。

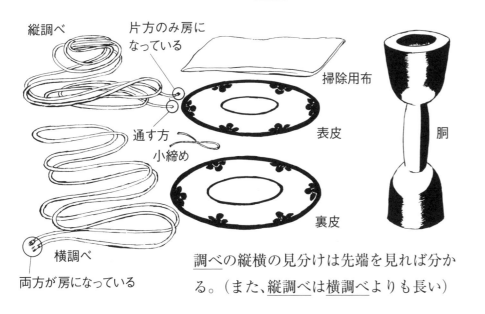

縦調べ

片方のみ房に
なっている

掃除用布

表皮

通す方

小締め

胴

裏皮

横調べ

両方が房になっている

調べの縦横の見分けは先端を見れば分か
る。（また、縦調べは横調べよりも長い）

（図B－1）

組み立てる前に胴と皮
の掃除をする。

胴の中まで拭く。

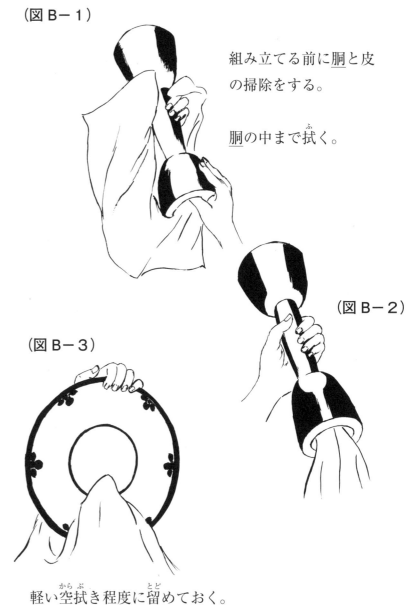

（図B－2）

（図B－3）

軽い空拭き程度に留めておく。

縦調べの掛け方

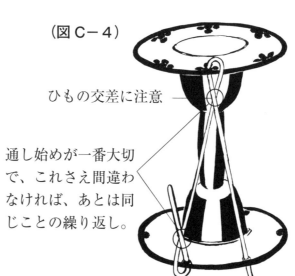

(図C-1)

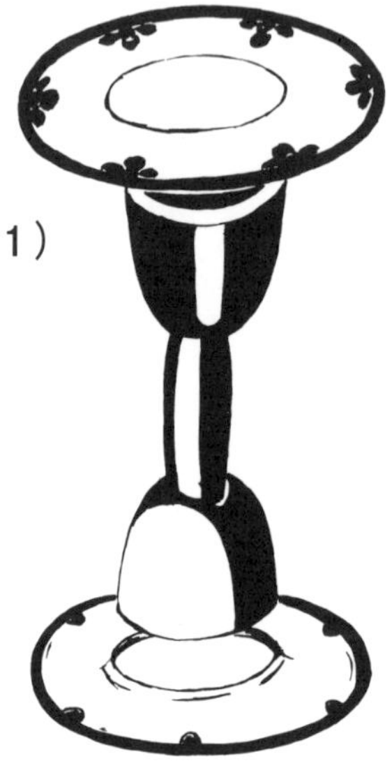

裏皮（打たぬ方）

1. 表皮をウラに向けて、左膝の上に置く。
2. 胴を立てる。（胴に上下なし、ただしクセ胴は別）
3. 裏皮をかぶせるように置く。

(注) 胴が定められた位置に正しく入っていることを確かめる。

表皮（打つ方）

(図C-2)

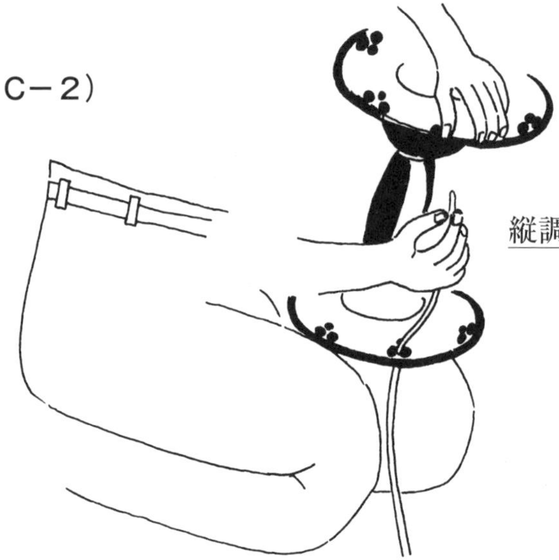

縦調べを通し始める。

(図C-3)

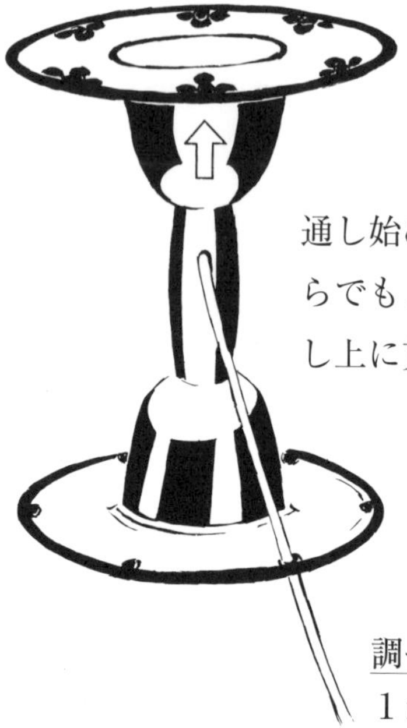

通し始める穴はどこからでもよい。下から通し上に貫通させる。

調べの後尾は約1m残し、たぐり上げる。

(図C-4)

ひもの交差に注意

通し始めが一番大切で、これさえ間違わなければ、あとは同じことの繰り返し。

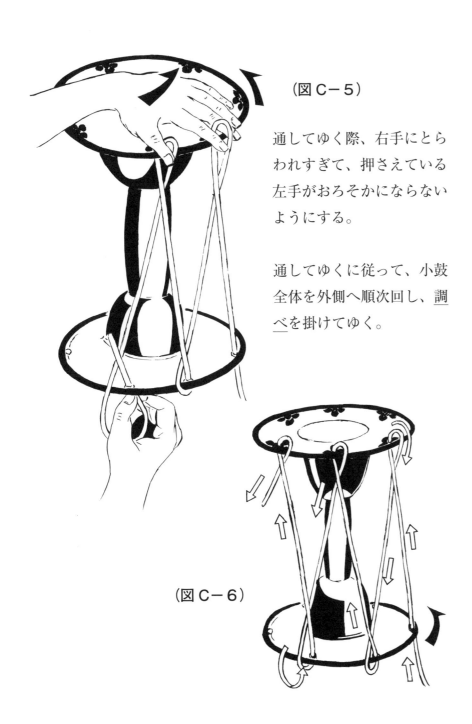

（図C−5）

通してゆく際、右手にとらわれすぎて、押さえている左手がおろそかにならないようにする。

通してゆくに従って、小鼓全体を外側へ順次回し、調べを掛けてゆく。

（図C−6）

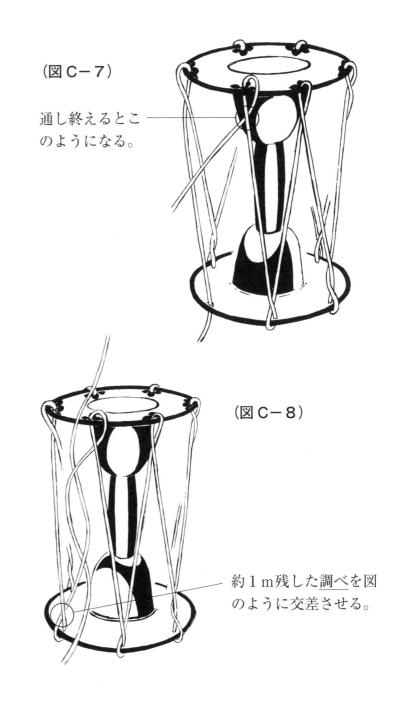

（図C−7）

通し終えるとこのようになる。

（図C−8）

約1m残した調べを図のように交差させる。

（図C−9）

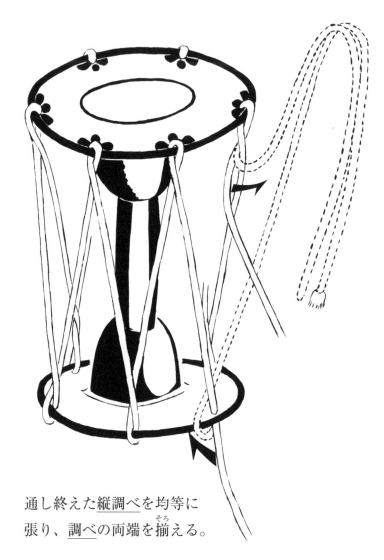

通し終えた<u>縦調べ</u>を均等に
張り、<u>調べ</u>の両端を揃える。

（図C−10）

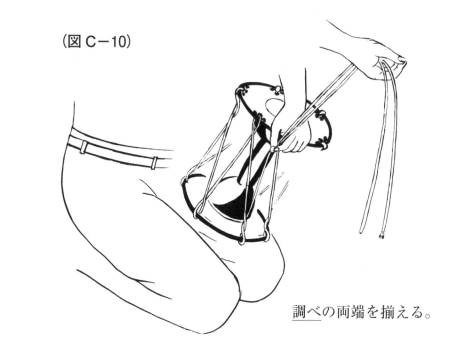

<u>調べ</u>の両端を揃える。

（図C−11）

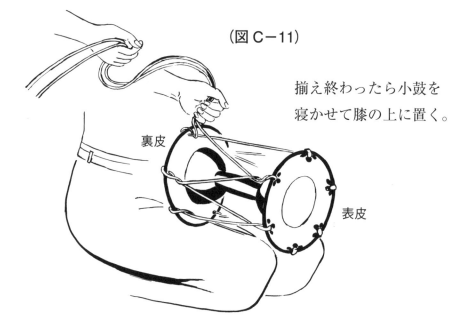

揃え終わったら小鼓を
寝かせて膝の上に置く。

裏皮

表皮

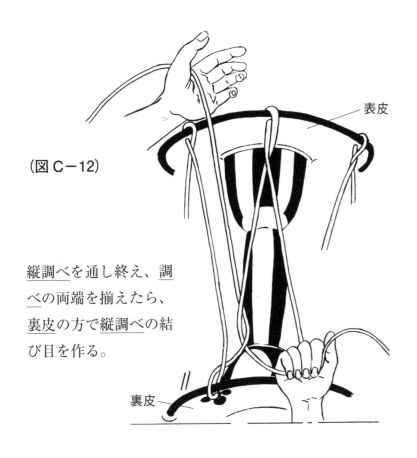

（図 C−12）

縦調べを通し終え、調
べの両端を揃えたら、
裏皮の方で縦調べの結
び目を作る。

表皮

裏皮

（図 C−13）

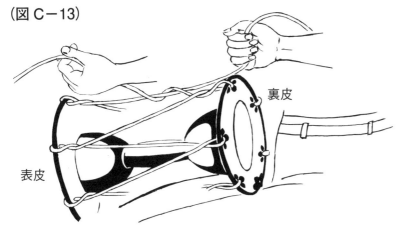

裏皮

表皮

（図 C−14）

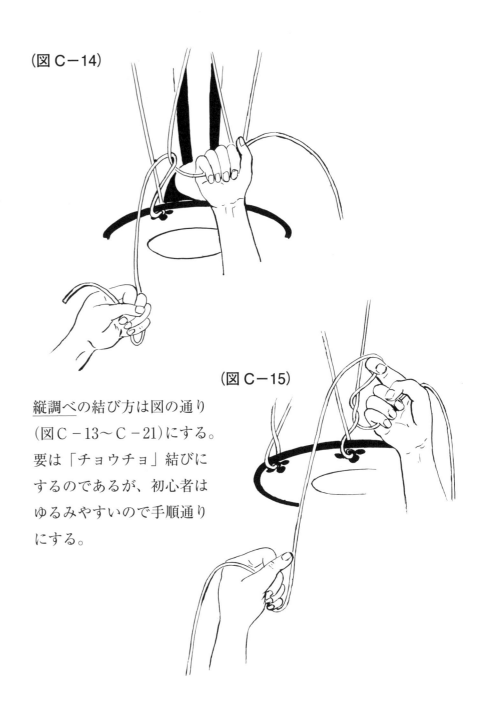

縦調べの結び方は図の通り
（図 C−13〜C−21）にする。
要は「チョウチョ」結びに
するのであるが、初心者は
ゆるみやすいので手順通り
にする。

（図 C−15）

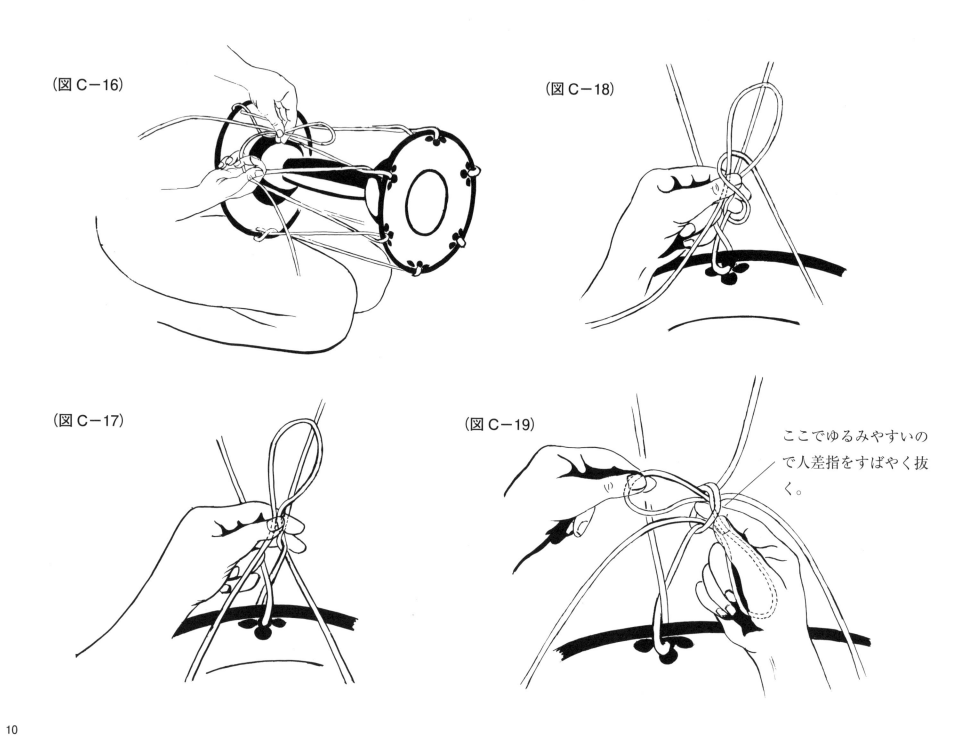

（図 C−16）

（図 C−18）

（図 C−17）

（図 C−19）

ここでゆるみやすいの
で人差指をすばやく抜
く。

10

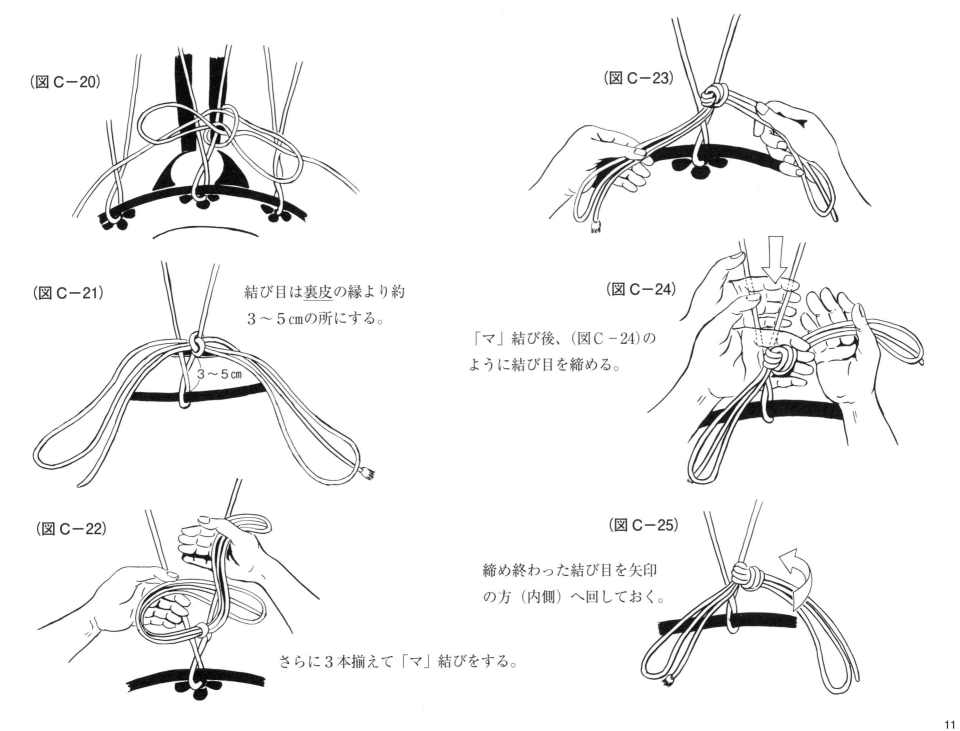

（図 C－20）

（図 C－21）

結び目は裏皮の縁より約
3～5cmの所にする。

3～5cm

（図 C－22）

さらに３本揃えて「マ」結びをする。

（図 C－23）

（図 C－24）

「マ」結び後、（図 C－24）の
ように結び目を締める。

（図 C－25）

締め終わった結び目を矢印
の方（内側）へ回しておく。

横調べの掛け方

（図 D−1）　横調べを半分に折る。

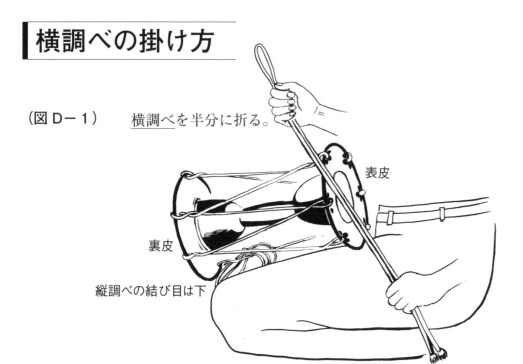

表皮

裏皮

縦調べの結び目は下

縦調べの結び目は矢印の
真下となる。

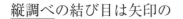

小締めの位置

（図 D−2）

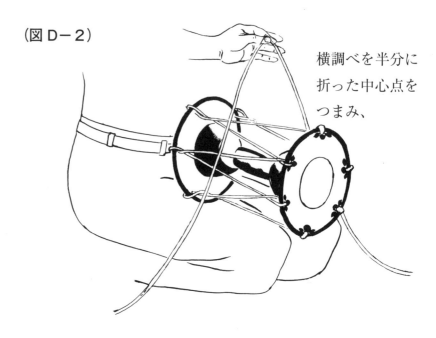

横調べを半分に
折った中心点を
つまみ、

（図 D−3）

中心点

左右にふり分ける。

小締めの位置

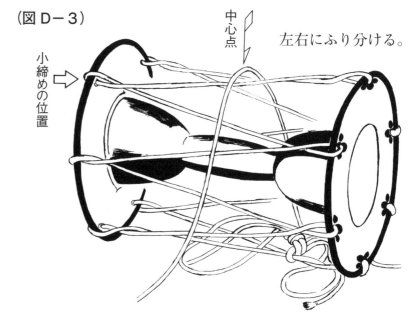

（図D-4）

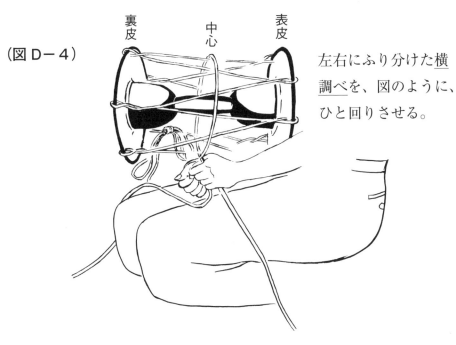

裏皮　中心　表皮

左右にふり分けた<u>横調べ</u>を、図のように、ひと回りさせる。

（図D-5）

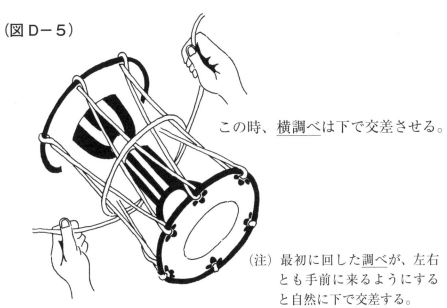

この時、<u>横調べ</u>は下で交差させる。

（注）最初に回した<u>調べ</u>が、左右とも手前に来るようにすると自然に下で交差する。

（図D-6）

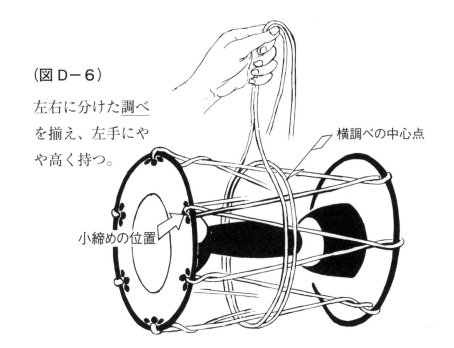

横調べの中心点

小締めの位置

左右に分けた<u>調べ</u>を揃え、左手にやや高く持つ。

（図D-7）

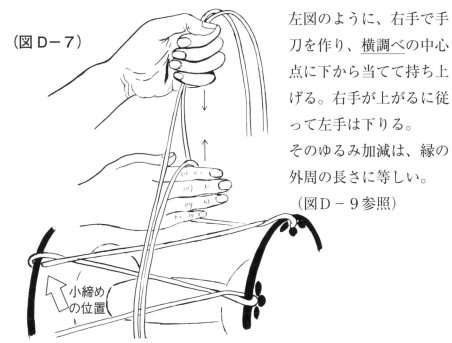

小締めの位置

左図のように、右手で手刀を作り、<u>横調べ</u>の中心点に下から当てて持ち上げる。右手が上がるに従って左手は下りる。そのゆるみ加減は、縁の外周の長さに等しい。

（図D-9参照）

（図D－8）

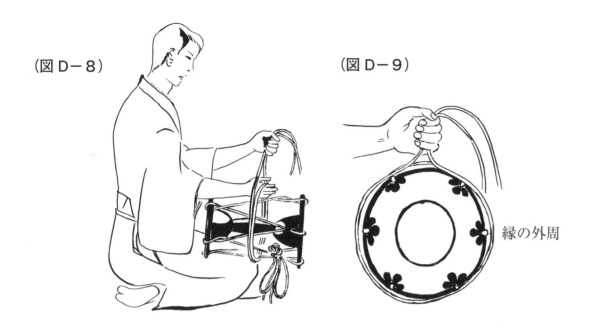

（図D－9）

縁の外周

（図D－10）

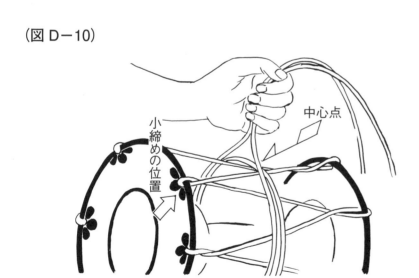

中心点

小締めの位置

（図D－11）

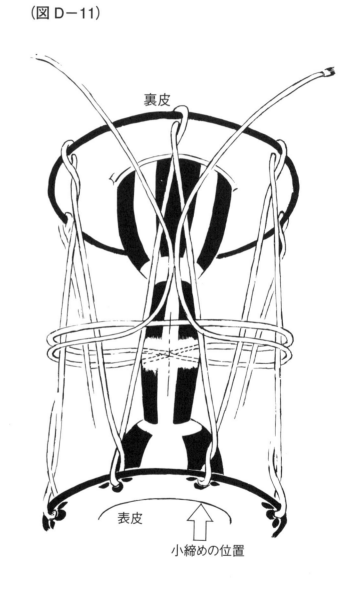

裏皮

表皮

小締めの位置

下図のように左手を使い、右手でまず左から
右へ来ている横調べの先端を（小締めの位置
の左側の横穴に通る２本の縦調べに）、右か
ら左へと巻き上げ、
　（注）Ｖ字になっている２本

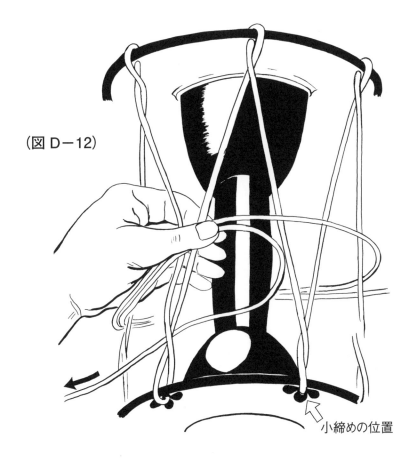

（図 D−12）

小締めの位置

（図 D−13）

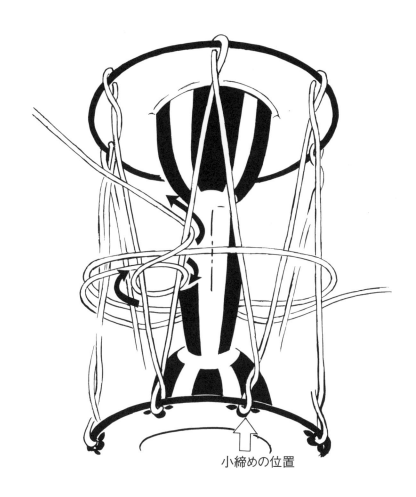

小締めの位置

矢印のように通す。

（図 D−14）

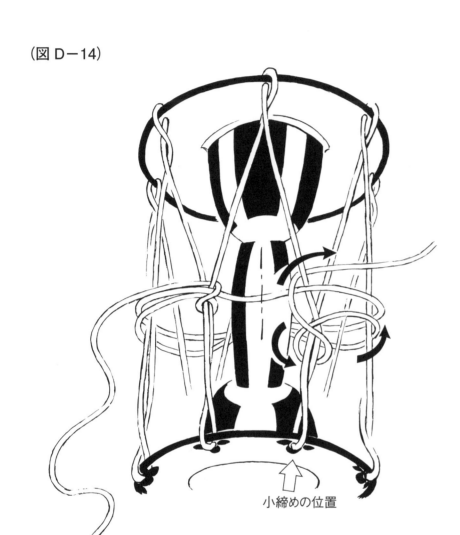

小締めの位置

左ができたら、右側も同じく、
上図のように通す。

（図 D−15）

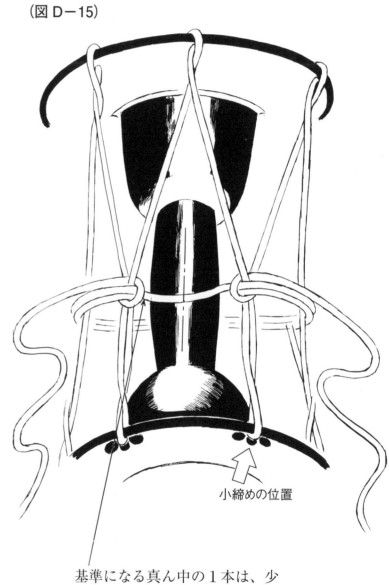

小締めの位置

基準になる真ん中の1本は、少
しゆるみを持たせておく。

16

（図 D−16）

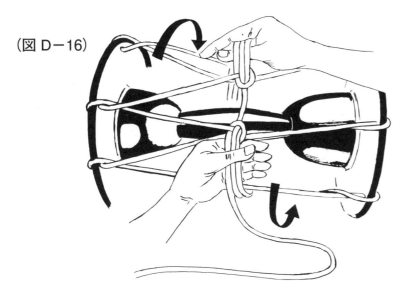

上図のように横にして3本を揃えながら、手も、小鼓も回して、（図D−17）のようにし、縦調べの結んだ位置までたぐり揃える。

（図 D−17）

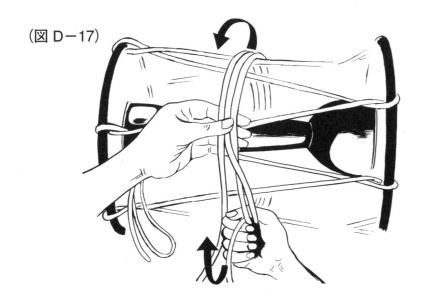

（図 D−18）

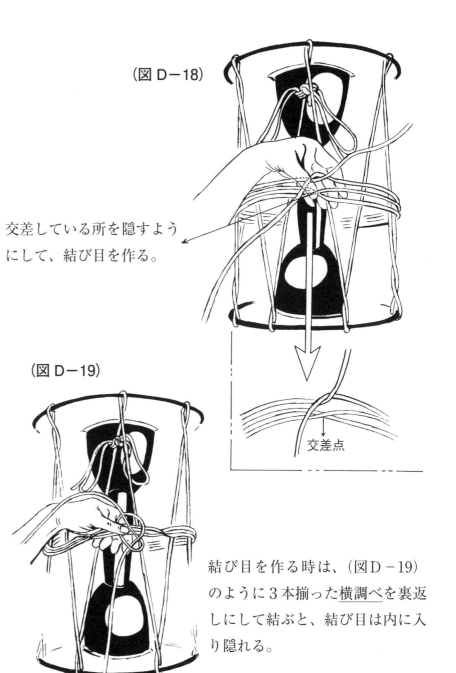

交差している所を隠すようにして、結び目を作る。

（図 D−19）

結び目を作る時は、（図D−19）のように3本揃った横調べを裏返しにして結ぶと、結び目は内に入り隠れる。

（図 D－20）

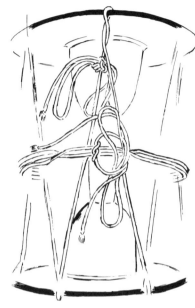

縦調べと同じく、「チョウチョ」
結びをし、

（注）縦調べの結び目も横調べ
の結び目も小締めの真裏で作る。

（図 D－21）

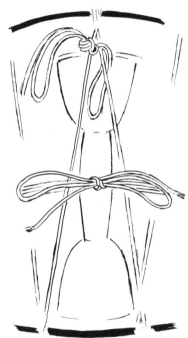

３本揃えて「マ」結びをする。

（図 D－22）

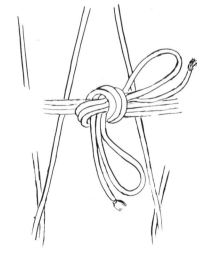

（図 D－23）

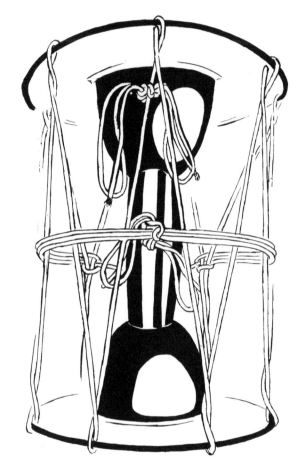

横調べの結び目は、胴の方（内側）へ向ける。

(図D-24)

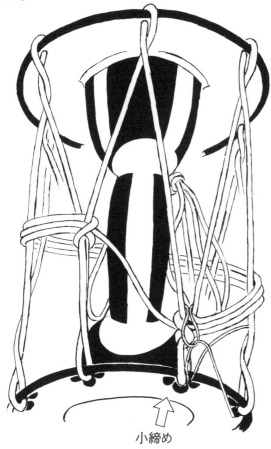

↑
小締め

縦、横の調べを掛け終わったら、小締めの位置を手前上にして小締めを掛ける。結び目は解けやすいので、「マ」結びにして内側へ結び目を回しておく。

（注）小締めは、あまり強く縁までたぐり寄せず、3～5cm離す。

繰り方

（図E-1）

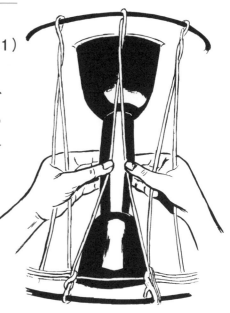

繰り方は、縦調べが均等に掛けられているか否かを確かめるために行う。不均等の場合は、これによって直す。

（図E-2）

繰り方は、音に深い関係があるので、繰り返し練習を積み重ね、指先の感を養うことが大切である。

（図E−3）

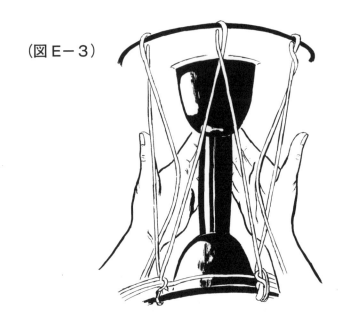

（図E−4）

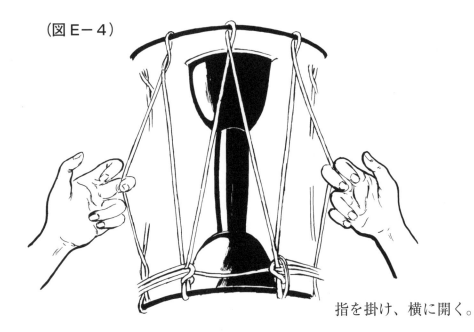

指を掛け、横に開く。

（図E−5）

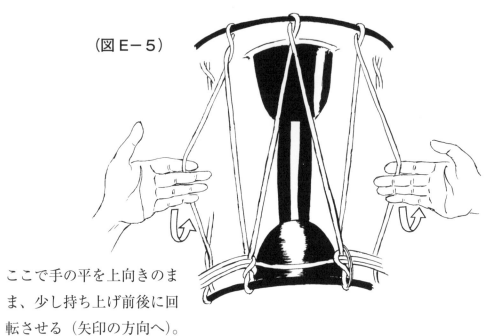

ここで手の平を上向きのまま、少し持ち上げ前後に回転させる（矢印の方向へ）。

（図E−6）

回転すると表裏が反対になる。この動作も（図E−6）のように膝の上にて行う。ただし、回転の時は少し浮かせる。

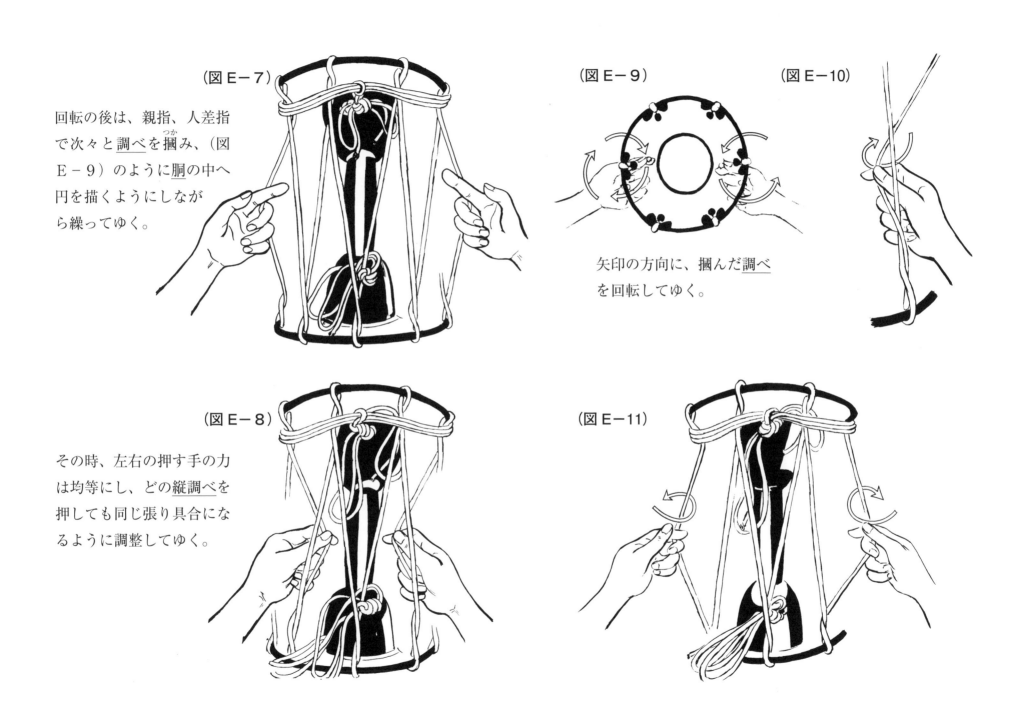

（図 E−7）

回転の後は、親指、人差指
で次々と調べを摑み、（図
E−9）のように胴の中へ
円を描くようにしなが
ら繰ってゆく。

（図 E−8）

その時、左右の押す手の力
は均等にし、どの縦調べを
押しても同じ張り具合にな
るように調整してゆく。

（図 E−9）

（図 E−10）

矢印の方向に、摑んだ調べ
を回転してゆく。

（図 E−11）

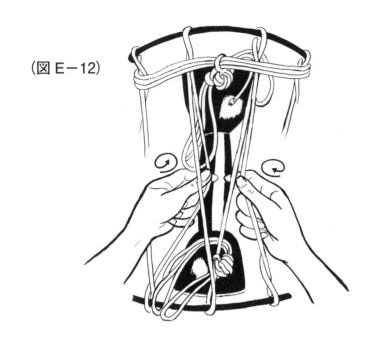

(図 E－12)

(図 E－14)

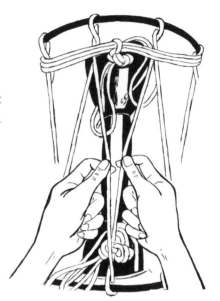

繰り方は小締めの方から始めて、縦調べ
の結び目のある所で止めるが、動作は半
分である。（半分で6回の手移りである）

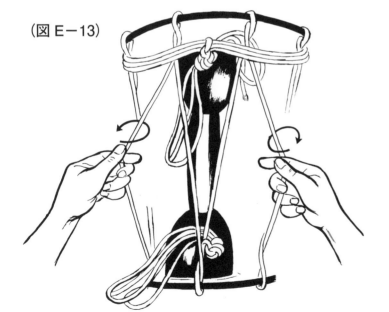

(図 E－13)

(図 E－15)

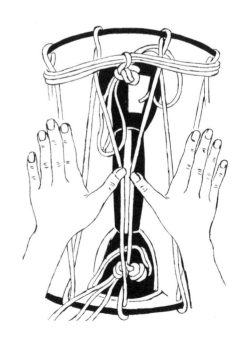

半分の繰り方が終わると、再度、始まり
と同じ動作で、今度は逆から１２３と
繰ってゆき、同じく３で横に開いた時、
回転し、４５６で元の１に戻る。従って
12の手移りで一通りとなる。縦調べが均
等でない場合、これを何回か繰り返し、
均等の張りになるまで行う。全体にゆる
い場合は、もう一度縦調べの結び目を解
き、締め直すようにする。

（図E－16）

（図E－16）は、繰り方逆
1に戻ったところで、親指
を除く他の4本は揃えて、
3番目のひもから胴の下ま
で指先を持ってゆく。

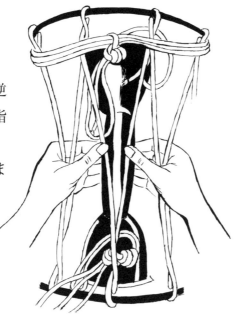

繰り方は、最初にも述べたように、非常に大切
な動作である。どのようにすばらしい小鼓でも、
繰り方が完全でなければ音は抜けない。また、
小鼓も腕も良くても、繰り方に重きをおかない
人は、その小鼓の持つ筒一杯の音は出せない。
打つ練習もさることながら、繰り方も心して練
習し、充分感覚を養うことが肝心である。小鼓
は打ちさえすれば鳴るというものではなく、ど
うしたら鳴るかを追求し、むしろ鳴るようにし
てゆくものという見解を持つことが重要である。
それには、この繰り方も大切な動作である。

構え方

小鼓を構える時は七つの動作で行う。

（図F－1）

まず姿勢を正し、気持ちを
落ち着けることが第一であ
る。次におもむろに右手を
差し出し、（図F－2）のよ
うに小締めの所を持ち上げ、
→（図F－3に続く）

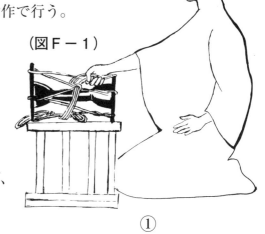

①

（図F－2）

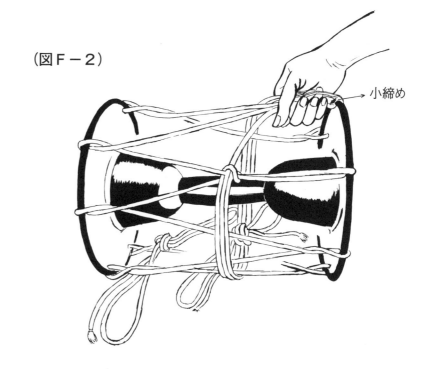

小締め

（図F－3）

左膝の上に置く。その時、小鼓の円の中心は、左斜め前に向くようにする。左手は左脇腹に静止している。

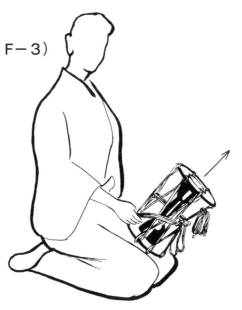

②

（図F－5）

左手の持ち方もいろいろある。同じ人でも、調べの締め具合や、打つ時間数によって、またその時の湿度、乾燥状態によっても皮の張り具合が変化するので固定するわけにはいかない。大体（図F－5）のように持って、後は自分で研究する。

（図F－4）

次に左手を入れる。

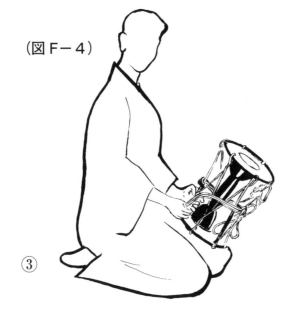

③

（図F－6）

左手を入れ終わると、右手は元の右脇腹に静止する。

④

次に、左手は（図F－7）のように手の甲を上にし、小鼓を横にして正面、または、やや左足側近くに置く。

置き終わると、もう一度自分の姿勢がくずれていないかを確かめる。この時、往々にして身体の重心が浮き気味になりやすいので注意する。

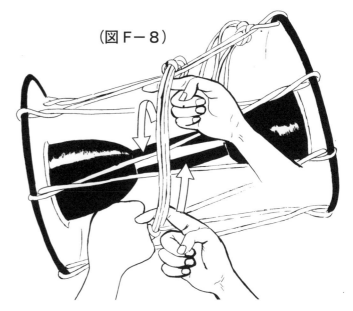

（図F－8）

<u>横調べの３本を縦調べ</u>の中央に揃える。

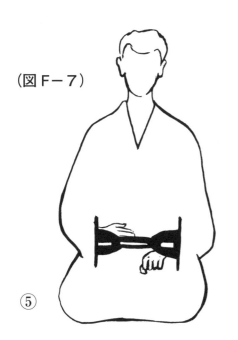

（図F－7）

⑤

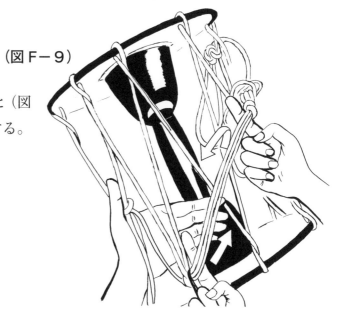

（図F－9）

その時の姿勢は、（図F－7）と（図F－10）の二つによって動作する。

（図F－10）

（図 F−11）

横調べを揃え、さらに握った
左手を2、3回軽く開閉して
みて、親指側と他の4本指の
側と、均等に横調べが縦調べ
に張弛動作を伝えているかど
うかを確かめる。
音の秘訣は左手にある。

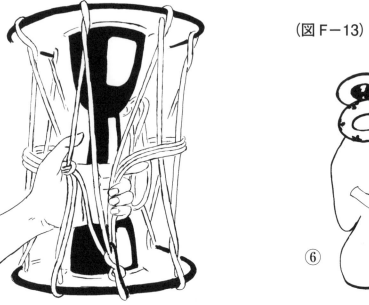

（図 F−13）

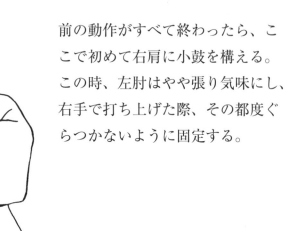

⑥

前の動作がすべて終わったら、こ
こで初めて右肩に小鼓を構える。
この時、左肘はやや張り気味にし、
右手で打ち上げた際、その都度ぐ
らつかないように固定する。

（図 F−12）

再び、この姿勢に戻る。
（図 F−7参照）

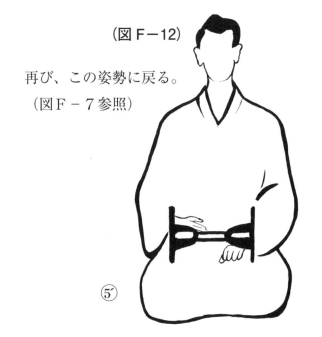

⑤′

（図 F−14）

⑦

左腕の構えが安定してから、右手を
添える。
脇は、開けることなく、つめること
なく不自然にならないようにする。

◎構え方の注意

○右肩に小鼓を構えると、顔が左斜め上に逃げ、顎が上向きになりがちであるが、そうならないようにする。

○小鼓の円の中心は身体の中心に合わせ、前方約３ｍ程に焦点を下げる。

○小締めは右膝の上。

○右手５本の指はきれいに揃え、指先は表皮よりやや離し、親指はちょっと曲げて他の４本に添える。（親指を表皮の裏に持ってゆくことは良くない）

○構えの姿勢で、自分では習った通り行っているつもりでも、他から見ると随分狂っている場合がある。従って鏡の前で練習することは非常に良い。

○右手は（図Ｆ－15）のように、人差指と中指が円のほぼ中心に来るようにする。小締めの位置は親指と人差指のつけ根の所に来るように。親指の第１関節と第２関節の間に小鼓の縁（金輪）が当たるようにする。

○ここまでが構えの姿勢で必要なことである。構えが完全にできるようになってから、打つ練習に入るようにする。

（図Ｆ－16）

裏皮は耳の近くに

表皮

指の先は皮より離す。

腕はやや引き気味

目線の位置は、小鼓の円の中心と同じ。上向きや横向きにならないようにする。

手首は曲げない。
小鼓をささえるのは右肩、左手の甲、左手の手首である。（右手ではささえることはできない）

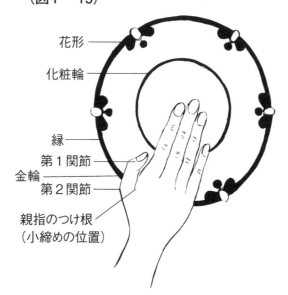

（図Ｆ－15）

花形
化粧輪
縁
第１関節
金輪
第２関節
親指のつけ根
（小締めの位置）

（図Ｇ－１）

右手が小鼓から離れるのは、打つ時だけである。離れた瞬間から打つ動作に入り、（図Ｇ－１）のように、なめらかに充分なる柔軟性をもって、手首がしなるという感じで打ち上げる。

左手の動作は言葉では説明しにくいが、右手が当たった瞬間に握って、放すというところから練習を始めたらよい。ただし、「プ」音はゆるめず、軽く握ったままで打つ。

小鼓の音の味は、左手の加減にあり、研究に研究を重ねる以外にない。ひと口では言い表しようがないものである。

(図G－2)

(図G－3)

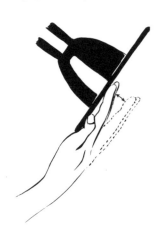

右手の打つ動作は、その時々によって下げる位置も異なり、音の種別によって変えてゆく。また、間（テンポ）によっても当然変化する。

たとえば、オドリ拍子等の「プ」は近くから打つ。通常は右膝の横まで下げる。

打ち上げた時、瞬間ではあるが、まず、親指が表皮の縁（金輪）に当たり、その反動で指先が皮に飛んで行くという感じで当たる。

飛んで行く指も、「プ」「ポ」音は人差指と中指の先端、指紋の所が当たる。こうして打ち上げたら、2本の指の（図G－3）の点線で示した元の構えに戻り、5本の指をきれいに揃え、次を待つ。この時、手首に力を入れてはならない。

初心者は、第一に右手首や指の柔軟運動を、小鼓を持たなくとも常に行うことが、より早く上達する基となる。手は柔らかく、当たりは強くする。

終了時の動作

小鼓を下ろす時は六つの動作で行う。

(図H－1)

①

②
③
④

⑤
⑥

しまい方

常は縦調べの結び目のみ解き
ゆるめ、胴をはずし、手入れ
をし、しまっておく。
横調べは解かない。

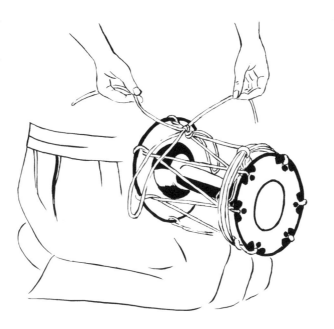

（図I−1）

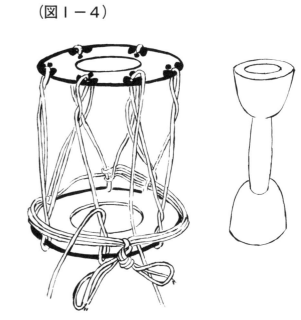

（図I−4）

胴が楽にはずせる程度にゆるめ
る。無理に胴を引き出すと、皮
を破る恐れがある。

（図I−2）

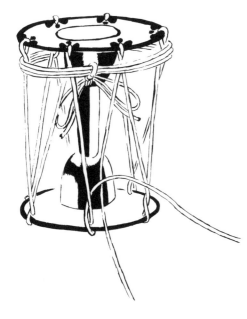

（図I−3）

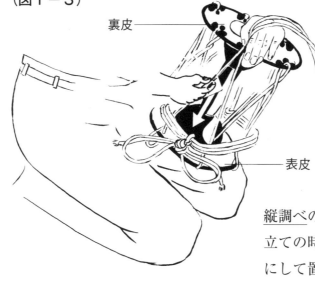

裏皮

表皮

縦調べの結び目を解いたのち、組み
立ての時と同じく膝の上に表皮を下
にして置き、縦調べを順次ゆるめて
ゆく。

（図Ⅰ－5）

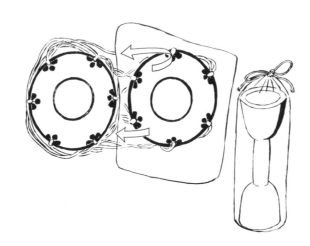

保管方法はいろいろあるが、普
通は（図Ⅰ－5）まで分解し、
皮と胴とを別々の袋に入れてし
まい、桐の箱に保管する。
常に持ち運びする人は、これを
ケースに入れる。毎日頻繁に使
用する人は、分解せずに桐の箱
にそのまましまっておく。

◎保管上の注意
○湿気の多い所（地下室や風通しの悪い所）、
　直射日光や乾燥度の強い所（暖房の強い
　所）等は保管場所として不向きである。

（図Ⅰ－6）

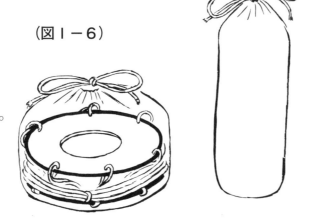

表皮の表と裏皮の表同士を合わ
せ、間に布、または鹿皮等、クッ
ションになる物を入れるとよい。

（図Ⅰ－7）

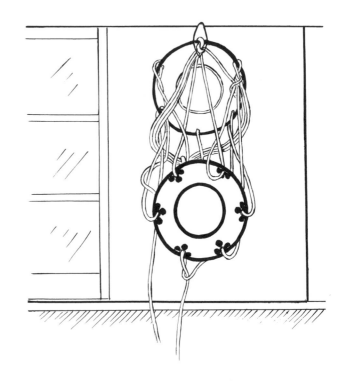

◎古皮や薄皮に対しての注意（心得）
　特に梅雨時、長時間練習を続けた場合等、打
ち込めば打ち込むほど音が抜けないようにな
り、ボテボテした感じになることがある。こ
れを皮がヘタルと言う。このような場合、天
気の良い風のある日を選び、（図Ⅰ－7）の
ように陰干しをすると、良い皮なら元に戻る。
ただし、直射日光を避けること。

小鼓の心得　図解による小鼓の扱い方

立教140年（1977年） 1 月26日	初版第 1 刷発行
立教144年（1981年） 9 月26日	改訂版第 1 刷発行
立教187年（2024年） 1 月26日	第 3 版第 1 刷発行

編者　天理教音楽研究会おつとめ研究室

発行所　天理教道友社
〒632-8686　奈良県天理市三島町 1 番地 1
電話　0743（62）5388
振替　00900-7-10367

印刷所　㈱天理時報社
〒632-0083　奈良県天理市稲葉町80番地

ⒸTenrikyo Ongakukenkyukai Otsutomekenkyushitsu 1977
ISBN978-4-8073-0664-0